I0704277